开创盛世
——康熙

◎ 主编 金开诚

◎ 编著 张 皓

吉林出版集团有限责任公司

吉林文史出版社

图书在版编目（CIP）数据

开创盛世——康熙 / 张皓编著. —长春：
吉林出版集团有限责任公司，2011.4（2023.4重印）
ISBN 978-7-5463-5024-0

Ⅰ.①开… Ⅱ.①张… Ⅲ.①康熙帝 (1654~1722)
－生平事迹 Ⅳ.①K827=49

中国版本图书馆CIP数据核字(2011)第053457号

开创盛世——康熙

KAICHUANG SHENGSHI KANGXI

主编/金开诚 编著/张 皓

项目负责/崔博华 责任编辑/崔博华 邱 荷

责任校对/邱 荷 装帧设计/李岩冰 刘冬梅

出版发行/吉林出版集团有限责任公司 吉林文史出版社

地址/长春市福祉大路5788号 邮编/130000

印刷/天津市天玺印务有限公司

版次/2011年4月第1版 印次/2023年4月第5次印刷

开本/660mm×915mm 1/16

印张/9 字数/30千

书号/ISBN 978-7-5463-5024-0

定价/34.80元

前　言

　　文化是一种社会现象，是人类物质文明和精神文明有机融合的产物；同时又是一种历史现象，是社会的历史沉积。当今世界，随着经济全球化进程的加快，人们也越来越重视本民族的文化。我们只有加强对本民族文化的继承和创新，才能更好地弘扬民族精神，增强民族凝聚力。历史经验告诉我们，任何一个民族要想屹立于世界民族之林，必须具有自尊、自信、自强的民族意识。文化是维系一个民族生存和发展的强大动力。一个民族的存在依赖文化，文化的解体就是一个民族的消亡。

　　随着我国综合国力的日益强大，广大民众对重塑民族自尊心和自豪感的愿望日益迫切。作为民族大家庭中的一员，将源远流长、博大精深的中国文化继承并传播给广大群众，特别是青年一代，是我们出版人义不容辞的责任。

　　本套丛书是由吉林文史出版社和吉林出版集团有限责任公司组织国内知名专家学者编写的一套旨在传播中华五千年优秀传统文化，提高全民文化修养的大型知识读本。该书在深入挖掘和整理中华优秀传统文化成果的同时，结合社会发展，注入了时代精神。书中优美生动的文字、简明通俗的语言、图文并茂的形式，把中国文化中的物态文化、制度文化、行为文化、精神文化等知识要点全面展示给读者。点点滴滴的文化知识仿佛颗颗繁星，组成了灿烂辉煌的中国文化的天穹。

　　希望本书能为弘扬中华五千年优秀传统文化、增强各民族团结、构建社会主义和谐社会尽一份绵薄之力，也坚信我们的中华民族一定能够早日实现伟大复兴！

目录

一、少年即位

爱新觉罗·玄烨，中国清朝入关后第二代皇帝。顺治十一年（1654年）生于景仁宫，为清世祖顺治帝第三子。顺治十八年（1661年）即位，时年8岁，由索尼、苏克萨哈、遏必隆、鳌拜四大臣共同辅政，年号康熙。康熙六年（1667年）亲政，康熙八年，年仅16岁的康熙暗结内大臣索额图等人智捕鳌拜，夺回大权。亲政后，宣布永远禁止圈地，准许壮丁"出旗为民"，同时又奖励垦荒，蠲钱免粮，任用靳辅、陈潢治理黄河，规定"额外添丁，永不加赋"；设立南书房掌票拟谕旨，加强皇权；又平定平西王吴三桂、平南王尚可喜之子尚之信、靖南王耿继茂之子耿精忠长达八年的三藩之乱；收复台湾；平定准噶尔部噶尔丹叛乱，巩固了国家统一；又巡行东北，两次发起雅克萨反击战，沉重打击沙俄侵略势力，派索额图、佟国纲赴尼布楚与沙俄谈判边境问题，行前确定黑龙江流域的广大领土"皆我所属之地，不可弃之于俄罗斯"的原则，签订《尼布楚条约》，划定中俄东段边界，使多民族国家的统一得到巩固发展。他一生苦研儒学，表倡程朱理学、开博学鸿儒科，设馆纂修《明史》，编纂《古今图书集成》《全唐诗》《佩文韵府》《康熙字典》等。他还兴修水利，治理黄河，鼓励垦荒，薄赋轻税，爱民如子。但是，康熙晚年也曾屡兴文字狱，残酷镇压反清思想。康熙六十一年（1722年）死于畅春园，葬于清东陵之景陵，享年69岁，庙号"清圣祖"。康熙大帝一生好学敏求，勤于政事，雄才大略，崇尚节约。在位六十一年，由于他的文治武功，中华帝国的多民族统一的局面得到巩固和发展，出现"康乾盛世"的繁荣，开创中华帝国的另一黄金时代。

顺治皇帝临死之前，遗诏命索尼、苏克萨哈、遏必隆和鳌拜四个人为辅政大臣，叫他们共同辅佐年仅8岁的玄烨做皇帝。这四个人受命后，曾在顺治皇帝的灵前发过誓，说他们要"协忠诚，共生死，辅佐政务"，并且保证"不私亲戚，不计怨仇，不听旁人及兄弟子侄教唆之言，不求无义之富贵""不结党羽，

不受贿赂"等等。但是，这些誓言说过不久都化作了泡影，辅政大臣变成了少年天子的绊脚石。

（一）除鳌拜

康熙即位之时，清朝处于百废待兴的局面。康熙虽然当了皇帝，但因为年幼，国家大事的决断基本掌握在四位辅政大臣手中。这四位辅政大臣，索尼居首位，总掌启奏批红等大权，但年老力衰。

排在第二位的苏克萨哈富有才干，但与
鳌拜不和。其后的遏必隆则为人圆滑，不
与人争锋。对权力最有野心的是鳌拜。为
了在索尼退下之后掌控朝政，鳌拜一方
面拉拢遏必隆，一方面借圈地事件打击
苏克萨哈。在处理朝政时，鳌拜十分专
横，根本不将康熙帝放在眼里。

　　康熙以退为进，在祖母的支持和帮
助下，一方面避免与鳌拜发生正面冲突，
一方面韬光养晦，专心学习治世本领，并

寻找适当时机铲除鳌拜。

康熙六年（1667年）六月，索尼去世。苏克萨哈为了使康熙能够及早亲政，并迫使遏必隆和鳌拜也交出权力，他在康熙亲政第六天上书请求退隐。在康熙尚未做出反应之际，鳌拜罗织了二十四条罪状陷害苏克萨哈，并强迫康熙将其处死。清除了苏克萨哈后，鳌拜更加肆无忌惮，结党营私，疯狂地扩张自己的权力和财富；并以维护祖宗之法为借口，把顺治时期的某些进步改革一个一个地推翻；朝廷所有政事，均由他一人决断；鳌拜还欺负康熙帝年幼，经常在康熙面前呵斥大臣，甚至吼叫着同康熙争吵不休，直到康熙让步为止。对于康熙帝的有些诏令，他也敢公开抗旨。面对这样一个咄咄逼人的家伙，康熙帝必然要采取相应的对策。

　　康熙六年（1667年）七月，康熙帝已
经14岁了，依照规定，他可以亲政了。于是
康熙决定废除四大臣辅政体制，实行亲
政。但原有辅政体制却未能发生变化。
此时的康熙帝虽然还是个少年，但是他
天资聪慧、机智过人，加上平时努力学习
历代的统治经验，已经开始成熟起来。于
是，康熙帝不动声色，悄悄地为铲除鳌拜
做准备。古人说："欲擒故纵。"玄烨对
鳌拜也是采用的这种麻痹战术。他曾给
鳌拜父子分别加过"一等公""二等公"
的封号，以后又分别加了"太师""少师"

的封号。至此，鳌拜父子也真到了位极人臣的地步。然而，加封不过是一种表面现象。玄烨亲政后不愿做傀儡皇帝，他同鳌拜的矛盾日益激化。到康熙八年（1669年），鳌拜自恃位高权重，经常借口有病不上朝。有一次玄烨去探望鳌拜，御前侍卫和托发现鳌拜神色反常，便迅速走到鳌拜床前，揭开席子发现一把匕首。鳌拜见此情景十分紧张。玄烨却出人意料地笑了，说："刀不离身是满人的故俗，不足为怪！"当场稳住了鳌拜。这些事情使康熙帝意识到该是铲除鳌拜的时候了。康

熙考虑到鳌拜亲信党羽遍布朝野，所以决定设计将其铲除。

康熙帝回宫后，立即召大学士索额图入宫，谋划铲除鳌拜之事。在此之前康熙帝以演习摔跤为名，选择训练一群身强力壮的少年，为擒拿鳌拜做了准备。现在，终于到了实施他的计划的时刻了。

康熙八年（1669年）五月，康熙决定采取行动。他首先将鳌拜的党羽以各种名义派出，削弱鳌拜的势力，然后派人将鳌拜召入宫中，鳌拜进宫后，便神不知鬼不觉地被一群演习摔跤的少年擒获，并

立即被投入监狱。玄烨监禁了鳌拜后，公布了鳌拜的三十条罪状。他下诏说："鳌拜愚悖无知，诚合夷族。特念效力年久，迭立战功，贷其死，籍贯没拘禁。"也就是说，鳌拜因立过许多战功，所以免于一死而终身监禁。此后，康熙帝逮捕、惩办了鳌拜集团的首恶分子，鳌拜的党羽在此之后也被一一擒拿。后来鳌拜死于狱中。

康熙铲除鳌拜后，还为以前受到鳌拜打击迫害的人平反昭雪，下令永远禁止圈占民地，限制奴仆制度，放宽逃人法，改革政府机构，恢复被鳌拜取消的内阁和翰林院。由于康熙帝的这些决定深得人心，因而进一步巩固了清朝的中央集权。

铲除权臣鳌拜，使得少年的康熙帝在政治上从此摆脱了充当傀儡的烦恼，为他日后施展自己的雄才伟略创造了条件。

(二) 刻苦学习

谈起康熙皇帝，就不能不说他的好学。过人的功业，因有过人的思想；而过

人的思想，因有过人的学习。"学习"二字，是解开康熙一生开创大业秘密的一把钥匙。

康熙帝8岁丧父，10岁又丧母，非常可怜。母亲重病时，小玄烨"朝夕虔侍，亲尝汤药，目不交睫，衣不解带"；母亲病故后，小玄烨又昼夜守灵，水米不进，哀哭不停。一个年龄才10岁的孩子，两年之间，父母双亡，形影相吊，应当说是人生最大的不幸。他后来回忆说，幼年在"父

母膝下，未得一日承欢"。人常是这样：生于忧患，死于安乐。忧患使人痛苦，但忧患也激人奋进。幼年的忧患，激励了康熙奋发学习、自立自强的精神。

康熙帝身上有着三种血统、三种文化。他的父亲是满洲人，祖母是蒙古族人，母亲是汉族人。他深受祖母的教诲，又向苏麻喇姑（苏墨尔，孝庄随嫁贴身侍女）学习蒙古语，向满洲师父学习骑射，跟汉族师父学习儒家经典。康熙帝的勇武与奋进，受到了满洲文化的影响；高远

与大度，得益于蒙古文化的熏陶；仁爱与
韬略，来自汉族儒学的营养；后来，他的
开放与求新，则是受了耶稣会士西方文化
的熏染。康熙帝吸收了中外悠久而又新
进、博大而又深厚的文化营养，具有当时
最高的文化素质。这为他展现帝王才气，
实现宏图大业奠定了基础。

康熙帝是中国历史上少有的嗜书好
学的帝王。他5岁入书房读书，昼夜苦读，
不论寒暑，甚至废寝忘食。又喜好书法，
"每日写千余字，从无间断"。他读"四

书"——《大学》《中庸》《论语》《孟子》,"必使字字成诵,从来不肯自欺"。后来他要求皇子读书,读满百遍,还要背诵,这是他早年读书经验的传承。康熙帝即位后,学习更加勤奋,甚至过劳咯血。他读书不是为了消遣,而是为了"体会古帝王孜孜求治之意",以治国、平天下。他在出巡途中,深夜乘舟,或居行宫,谈《周易》,看《尚书》,读《左传》,诵《诗经》,赋诗著文,习以为常。直到花甲之年,仍手不释卷。

（三）修改历法

铲除鳌拜后，摆在少年康熙帝面前的第二个烦恼就是清朝初年的历法风潮。

清朝定都北京后，曾经为明朝修改历法的一些西方传教士，又投靠了清政府。以汤若望为首的耶稣会士们，在顺治帝当政期间，受到极为优惠的待遇。由于修改历法取得成绩，汤若望被任命为钦天监的监正（相当于国家天文台的台长），还被赐予"通玄法师"的称号。顺治皇帝死后，康熙帝年幼，鳌拜排斥一切进步事物。有一个叫杨光先的人，上书给清政府，说科学家徐光启借鉴西方科学是"贪其奇巧""阴行邪教"，有阴谋；又说汤若望阴谋推翻清朝，在《时宪历》上印有"依西洋新法"五个字，是向全世界宣示清朝屈服于西方，

应将汤若望等人处死，恢复旧历法。在鳌拜的操纵下，议政王会议、礼部、刑部决定废除新历法，并杀了一批主张用新历法的人。由于康熙帝祖母的庇护，汤若望才免于一死。汤若望下台以后，杨光先被任命为钦天监监正。杨光先对天文历法并无新的研究，对中国古老的一套也不熟悉，所以推算屡屡出现错误。这时，康熙帝已经十五六岁了，他一面酝酿着消灭

鳌拜势力，一面思考着解决新旧历法争议的途径。当时，他还没有能力从科学上分清这场斗争的是非，因而十分苦恼。但他知道，只有抛弃偏见，并用实验的方法来检验新旧历法，才能得出正确的结论。他派大学士李霨等人向杨光先和西方传教士南怀仁等宣读他的指示：不准心怀偏见，不许固执己见，"务须实心，将天文历法详定，以成至善之法"。后来经过多

次测量、推算，杨光先等人的旧法总是不准，而南怀仁的新法则比较准确。但杨光先的理论更厉害，说："皇上是尧、舜的继承人，应该用尧舜以来的老黄历，假如改用西洋历法，那么尧舜以来的诸书礼乐、文章制度就都完了！"所以，"宁可使中国无好历法，不可使中国有西洋人"！康熙帝对此非常反感。到康熙八年（1669年）五月，鳌拜集团倒台。南怀仁等传教士控告杨光先"依附鳌拜"，要求将杨光先处死。康熙帝虽然支持新历法，但反对把这场科学上的公案引入政治斗争的邪路。所以，他决定宽大处理："杨光先本当依议处死，但念其年老，姑从宽免，妻子亦免流徙（流放）。"

清初的历法争议，对少年康熙帝产生了极大的刺激。他后来回忆说："新旧历法两派互相控告,死了不少人。在双方辩论时,王公大臣中竟没有一个人对历法有所了解。朕目睹其事,心中痛恨。所以在日理万机之余,专心学习天文历法二十余年,终于略知其大概,不至混乱。"

在科学的是非面前无所依从,虽然是康熙帝少年时代的一大烦恼,但却使他懂得了学习的重要性。康熙十五年(1676年),他下令钦天监的官员必须学习新历法,对新历法不了解的人,不准升用。不过,康熙帝虽然学习西洋历法,但他并不迷信和墨守这些成果。他认为,新历法使用年月久了,也会出现偏差,也必须不断纠正。

少年时代的康熙帝,在政治上铲除了鳌拜集团,在科学上分清了历法争议的是非。这两件事,显示了他确实具有卓越杰出的智慧,有统治国家的巨大魄力。

二、统一战争

康熙帝粉碎鳌拜集团之后,在朝廷内部实现了大权归一,真正达到了亲政的目的。但是,整个中国还不统一,还潜伏着分裂割据的危机。当时,在南方,有手握重兵、伺机而动的汉族军阀吴三桂、尚之信、耿精忠;在东南沿海及台湾岛有伺机窜犯大陆的郑氏小朝廷;在西北方有彪悍难伏、时或掠夺的准噶尔部。因此,康熙帝面临和肩负着一场统一国家的战争。

(一) 平三藩

所谓"三藩"，是指明朝灭亡后投靠清朝的三个汉族军阀，即镇守云南的平西王吴三桂，镇守福建的靖南王耿精忠和镇守广东的平南王尚可喜之子尚之信。自清朝初年以来，这三个军阀在追随清军镇压农民起义和消灭南明抗清势力的过程中，逐渐扩大了私人势力，各自拥兵在手，他们各霸一方，形成几股割据势力。

"三藩"都拥有大量武装。特别是吴三

桂，"功最高，兵最强"，积极储将帅，习武备，使"四方精兵猛将，多归其部下"。他们仗着自己日益壮大的力量，飞扬跋扈，不听约束，给清廷以很大威胁，而且所耗军费巨大。

吴三桂自康熙元年（1662年）在云南绞死了南明永历帝朱由榔后，便割据云南。吴三桂在当地圈占民地，抢掠人口，苛捐杂税，鱼肉百姓。他占据南明桂王五华山的帝宫作为藩王府，大肆扩建，搞得"千门万户、极土木之盛"。吴三桂为了扩大势力，还招降纳叛，广收党羽。他选官、练兵，清朝中央政府不能过问，各项

开支不受户部限制。所以当时有"天下之财,半耗于三藩"的说法。盘踞在广东、福建的尚之信、耿精忠也都极力扩大自己的势力。因此三藩的割据,不仅是清朝实行中央集权的巨大障碍,而且还严重地威胁着清朝的统治。

对于三藩应持什么政策,是养痈成患还是连根拔除?对此,清朝政府内部意见不一,曾经进行多次辩论。有的人主张削去三藩兵权,即实行撤藩;但许多人害怕吴三桂等人,认为撤藩会引起天下大乱。康熙十二年（1673年）三月，平南王尚可喜因受不了其子的挟制，向朝廷提出告老还乡，但请求留其子尚之信接替他的封爵，继续镇守广东。19岁的康熙帝认为这是个撤藩的大好机会，便以此为引线，立即批准尚可喜告老还乡，但不准其子继承爵位。当时，吴三桂的儿子在北京，消息很快就传到了云南、福建。吴三桂、耿精忠心中忐忑不安，便于七月先后上书，假意请求撤藩，以此试探朝廷的态度。

康熙帝接到吴三桂、耿精忠的上书，下令廷臣会议讨论。当时大部分廷臣反对撤藩，有的说吴三桂镇守云南地方尚属平静，有的说撤藩后朝廷另派兵去镇守，财政费用太大，因此断不可撤，实际上是怕引出乱子。只有户部尚书米思翰、兵部尚书明珠、刑部尚书莫洛等少数大臣主张撤藩，认为绝不能再让吴三桂盘踞云南

了。经过几次会议讨论，意见始终不能统一，而且辩论十分激烈。这时，康熙帝挺身而出，作了果断的裁决：坚决撤藩。他指出："三藩久握重兵，已经形成尾大不掉之势。吴三桂蓄意谋反已久，撤亦反，不撤亦反，与其养痈成患，不如及早除掉。"所以他毅然下令批准吴三桂、耿精忠自请撤藩的上书，并派特使分别赴云

南、广东、福建宣读朝廷撤藩命令并督促实行。

吴三桂接到旨意后，便于当年（1673年）十一月，在云南悍然发动叛乱，发布讨清檄文，宣布要恢复明朝，并自称为"天下诏讨兵马大元帅"。从此，一场长达八年的大叛乱正式揭开了战幕。

叛乱开始后，吴三桂的军队很快就攻入湖南，攻陷常德、长沙、岳州、澧州、衡州等地。他又派人四处散布檄文，煽诱鼓动。广西将军孙延龄、四川巡抚罗森等许多地方大员纷纷叛清。在短短数月之内，滇、黔、湘、桂、闽、川六省陷落，一时局面相当严重。随后，陕西提督王辅臣、广东尚之信、福建的耿精忠等也相继反叛，叛乱扩大到广东、江西、陕西和甘肃等省。

三藩之乱来势汹汹。叛乱消息传到北京后，清朝内部有一些顽固守旧的大臣，主张重蹈西汉初汉景帝杀晁错的历史覆辙。他们对康熙帝说："应该先杀掉那些主张撤藩的大臣，只有这样才能使吴三桂息兵。"康熙帝坚决反对重复历史的错误。他熟读史书，深知这是腐儒之

见，汉景帝虽然杀了主张削藩的晁错，吴楚七国之乱依然不止，因为吴王刘濞等人是醉翁之意不在酒，年轻的康熙帝对"三藩"之乱采取了坚决打击的措施。康熙帝表示："如果有错误，朕一人承担，决不把责任推给别人。"因此，他非但不杀主张撤藩的户部上书米思翰和兵部尚书明珠等人，而且把吴三桂留在京师的儿子吴应熊等人投入监狱。为了横扫清廷内

部的妥协论调和表示自己平叛的决心，康

熙帝又下令处死了吴三桂的儿子吴应熊、

孙子吴世霖。这样，朝廷内部的思想得到

了某种程度的统一，并使吴三桂在精神

上受到一次沉重的打击。

　　三藩之乱爆发时，康熙帝年仅20岁。

但是他的历史知识丰富，又熟读兵法，善

于谋略，指挥得当。康熙在指挥过程中意

识到，部队军纪存在问题，八旗兵攻破城

池后，扰民滋事，掳掠妇女，这样下去，部

队将失去民心。于是，康熙召集众将，申明纪律，下令归还军中有夫之妇，让城中许多被拆散的夫妻团圆。他知道三藩之乱虽然气势吓人，但只要打败了吴三桂，其他人均不在话下。所以，他制定了重点进攻吴三桂的战略，争取其他叛乱者中立、归降。如他反复争取叛乱的陕西提督王辅臣，稳定了西北战场的局面，粉碎了吴三桂打通西北的阴谋；他在军事进攻之余，又利用耿精忠与台湾郑氏集团之间的矛盾，招降了耿精忠；并乘势进军，迫使郑氏势力退出福建；到康熙十六年（1677年），尚可喜忧愤而死，尚之信也因与吴三桂矛盾重重，在清军的进逼下向清朝投降。

　　康熙帝在激烈的战争中，能够保持刚毅、果断、沉着、机智。他深得用兵之道与指挥之法。他指示领兵诸将：战争中要紧的是得民心，所以一定要"严禁军士侵扰百姓"。为了取得这场战争的胜利，他执行了罚先行于亲贵的做法，即对那些敢于玩忽职守、贻误军机、畏缩不前的败军之将，即使是皇亲国戚，也绝不宽贷。如他下诏公布了顺承郡王勒尔锦、简

亲王喇布、贝勒尚善、察尼、鄂鼐、洞鄂等人坐失战机，收受贿赂的罪行，分别给予了处罚。他说："若非朕运筹决策，命令水师取岳州，命令岳乐的江西军队进攻长沙，命令图海的陕西军速复平凉，后果几乎不堪设想。在一般人尚不可原谅，何况是王、贝勒这些皇亲国戚呢！"

吴三桂等人虽然一度掀起波澜，但是这些朝秦暮楚、气节丧尽的家伙是得不到拥护的。甚至有人作诗讽刺吴三桂说："复楚未能先覆楚，帝秦何必又亡秦？丹心已为红颜改，青史难宽白发人！"这意思是说："你不但没有恢复明朝，反倒是把明朝给灭亡了；你为了一个美人（指陈圆圆）而改变了丹心，历史是难以宽恕你这老头子的！"到康熙十七年（1678年）三月，在清军的步步紧逼下，吴三桂日暮途穷，在湖南衡阳称帝，国号"大周"，改元"昭武"，但几个月后就在内外交困、忧愤交加中死去。他的孙子吴世璠即位后更是一天不如一天。康熙二十年（1681年），清军攻陷昆明，吴世璠自杀。一场席卷十省、长达八年的大叛乱终于平息。

三藩之乱平定后，康熙帝采取一系列措施消除昔日的弊病。他下令在原来三藩控制的地区设立八旗兵驻防，将藩王的财产全部充官作为军饷，革除昔日的苛捐杂税，归还被三藩霸占的部分民田。这些措施不但加强了国家的统一，也促进了经济的发展。

（二）收复台湾

　　当三藩之乱的硝烟弥漫在中国上空的时候，盘踞在台湾岛以及东南沿海的郑氏集团也乘机向内地窜犯，并与三藩沆瀣一气。因此，康熙帝在平定三藩之乱后，便决定解决台湾问题。

　　台湾自古以来就是中国的领土。荷兰殖民者趁明末中国动乱之机，派兵占领了台湾，在台湾血腥统治了38年。直到清初顺治十八年（1661年），民族英雄郑成功才把荷兰人赶走。郑成功原想以台湾作为反清的基地。但不幸中年早死，壮志付之东流。郑成功死后，郑氏集团内部

互相倾轧, 统治者花天酒地, 鱼肉百姓,
完全丧失了郑成功那种英雄气概。清朝
政府曾多次用招抚办法, 想和平解决台
湾问题。但是郑经(郑成功之子)集团一
面表示可以称臣入贡, 一面又坚持不登
岸, 不剃发, 实际上是想把台湾从祖国分
裂出去。康熙帝断
然拒绝了郑氏集团
分裂国家的要求。
他认为, 郑经是中
国人, 既然称臣,
就必须接受调遣。
由于在这样重大的
原则问题上达不成
协议, 再加上三藩
之乱的干扰, 统一
台湾的问题便拖了
很长的时间。

　　康熙二十年
(1681年), 福建总

督姚启圣向康熙帝上书，报告郑经已死和台湾内乱的情况，认为"时不可失"，应立即派兵统一，并推荐从前从郑氏方面归降过来的施琅作为进军台湾的统帅，康熙立即批准了这个建议。任命施琅为水师提督，伺机进取澎湖、台湾。康熙二十二年（1683年）六月，施琅率军在澎湖海战中击溃了郑氏集团的主力，七月在台湾登陆。这时，台湾的当政者是郑克塽。有人教唆他赶快逃往南洋，建立流

亡政府，也有人劝他认清形势，向清朝投
降。就在郑克塽举棋不定的时候，康熙
帝指示前线的施琅，要他力争和平解决，
并转告郑克塽等人："从前抗违之罪，尽
行赦免。"而且保证他们归降后给予从优
待遇。由于康熙英明及时的决策和施琅
等人的认真贯彻，郑克塽及许多在台官

吏放弃了逃亡国外的打算，从而使台湾最终以和平方式得到统一。康熙二十二年（1683年）八月，清军进入台湾。八月十五日（即中秋节）的晚上，统一台湾的喜讯传到北京，29岁的康熙帝无比兴奋。他多年统一国家的愿望终于实现了。

经过长期的努力，祖国终于实现了九壤的大一统局面。郑克塽到北京后，受到康熙帝的接见，并被授予正黄旗汉军公，

其亲属、部下也分别被授予官爵。康熙帝还特别下诏说："郑克塽的祖父郑成功，父亲郑经不是'乱臣贼子'，可以归葬南安。"

统一台湾后，康熙帝又否决了朝廷内某些人放弃台湾主权的荒谬主张，他毅然批准施琅的建议，在台湾设立一府三县，隶属于福建省，并在台湾驻军八千，澎湖驻兵两千。从此，台湾在政治上、军事上、行政上与大陆重新成为一个整体，由于内地、沿海居民进一步移居台湾，台湾的经济也得到进一步的发展。

（三）平定准噶尔

　　清初，西北方居住的蒙古族分为漠南蒙古、漠北喀尔喀蒙古和漠西厄鲁特蒙古三大部。漠北喀尔喀蒙古内部又分为扎萨克图、土谢图、车臣等三部。漠西厄鲁特蒙古内部又分为准噶尔、和硕特、杜尔伯特、土尔扈特四部。清军入关之前，漠南蒙古就已归附清朝，喀尔喀蒙古和漠西厄鲁特蒙古各部，也与清政府关系密切。

　　在我国的漠西厄鲁特蒙古族中，有一支游牧在巴尔喀什湖以东、天山以北和伊犁河流域的强悍部落，这就是准噶尔部。准噶尔部世代受中国政府的管辖，从17世纪中叶以后逐渐强盛起来。康熙十年（1671年），噶尔丹杀死其兄僧格，夺取了准噶尔部的统治权。噶尔丹是一个雄心勃勃、掠夺成性的人物，他上台后频繁地对临近各部发动了掠夺性战争。他不仅统治了漠西厄鲁特四部，而且占领了天山南麓各回城，势力达到青海、西藏地

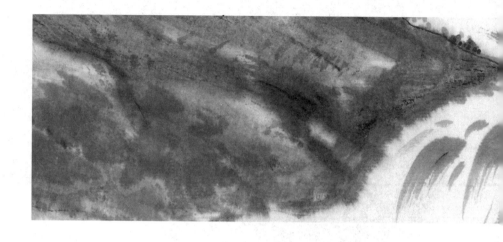

区。为了实现割据一方的野心，噶尔丹与正在对外扩张的沙俄勾结起来，于康熙二十七年（1688年）春，噶尔丹对喀尔喀蒙古发动了突然进攻，逼得喀尔喀蒙古人民向南迁逃。在清政府的帮助下，噶尔丹暂时退兵。

康熙帝曾致书噶尔丹，要求他"罢兵息战"，不要对四邻各部落肆行侵掠。噶尔丹虽然表面上臣服，但实际上却步步向东南进逼，甚至把他的军队推进到距北京只有几百里的地方。康熙二十九年（1690年）六月，康熙帝决定御驾亲征。

八月间，左翼军同噶尔丹军队在乌兰布通（在今辽宁境内）发生了一场激烈的遭遇战，一举击溃噶尔丹的驼军，噶尔丹狼狈逃窜。康熙三十一年（1692年）噶尔丹派人到北京，向康熙帝"请安进贡"，表面上虽"词调恭顺"，实际上是想麻痹康熙。康熙一眼就看穿了噶尔丹的阴谋，他指出："噶尔丹不可信任，如果不加防备，万一有事就要后悔。"当时，西藏的第巴桑结与噶尔丹狼狈为奸，要求康熙帝撤回各地戍兵。康熙说："这是噶尔丹的阴谋。"所以，他决定：不但不能撤兵，还要加强防备。果然康熙三十四年（1695年），葛尔丹又率三万人马沿克鲁伦河大举南犯，并扬言他背后有沙俄撑腰，已经从俄国借了六万鸟枪兵。康熙三十五年（1696年）春天，康熙帝力排众议，决定第二次亲征。他指出，上一次亲征，因裕亲王中了西藏喇嘛济隆的缓兵之计，致使葛尔丹从乌兰不通逃走。又加上当时自己生病，未能彻底歼灭葛尔丹，至今犹以为憾，这一次亲征，一定要彻底根除葛尔丹的势力，以绝后患。他命将军萨布素率兵出东路迎头截击、命大将军伯费扬古率兵出宁

夏为西路，断绝噶尔丹的退路，自己则亲率劲旅为中路，三路军约期夹攻噶尔丹，欲将其彻底歼灭。

康熙帝亲率的大军，在克鲁伦河附近同噶尔丹的军队相对扎营。但是两军的距离甚近，噶尔丹望见康熙的御营和清军的威武阵容，不禁为之胆寒，立即下令拔营逃走。康熙亲自率兵追击到拖诺山。当噶尔丹逃到昭莫多（今在乌兰巴托以东）时，又同清军的西路大军相遇。在两军激战中，噶尔丹的军队几乎全军覆没，他仅率少数人死里逃生，这股叛乱势力并未根绝。所以，康熙帝一面分化受噶尔丹控制的回部、青海和哈萨克诸部，警告与噶尔丹狼狈为奸的西藏第巴桑结，一面限期噶尔丹到北京投降。由于噶尔丹拒绝投降，康熙三十六年（1697年），康熙帝又进行了第三次亲征。当时，康熙帝在各部族中的分化瓦解工作取得了很大的

成功，因此噶尔丹四面楚歌，困难到"居无庐（帐幕），出无骑（马），食无粮"的地步。噶尔丹的儿子到哈密逼粮，也被当地维吾尔族人擒送清营。原先追随噶尔丹叛乱的亲信们，也慑于清军的威力，望风投降。最后，噶尔丹在走投无路、众叛亲离的困境中服毒自杀。至此，康熙平定噶尔丹的斗争宣告结束。

康熙五十六年（1717年），噶尔丹的侄子策妄阿拉布坦在沙俄煽动下，继两年前进攻哈密之后，又驱兵攻入拉萨，并到处毁坏，抢掠人口。康熙五十七年（1718年）康熙皇帝命皇十四子胤禵为抚远大将军进驻西宁，指挥清军入藏平叛。当时有些朝臣希图苟安，看不到平叛的必要性，说："西藏路途遥远险恶，且有瘴气，不能顺利进军。"康熙帝不同意这种看法，他反驳说："策妄阿拉布坦的军队忍饥挨饿，步行一年有余，尚能到达西藏，我们的平叛大军怎么反而不能到达？"事实证明康熙帝的决定是正确的。但清军进入西藏时，西藏的大小头人、各寺庙的喇嘛都争先恐后地出来迎接。清军迅速驱逐了叛军，取得了胜利。康熙死后，又经过雍正、乾隆两代人的努力，终于最后平定了准噶尔上层分子的叛乱。

康熙在武力平定叛乱的同时，还用各种手段，对蒙古王公用封爵、联姻、阻止打猎等方法加以团结，在承德按照各民族的特点建筑了一批庙宇，以表示他对各民族风俗信仰的尊重，并以此来表明，清朝是一个多民族的国家。他的这些做法，对维护国家统一起了积极的作用。

三、北击沙俄

（一）雅克萨之战

在康熙皇帝的一生中，抗击沙俄的武装侵略，保卫祖国北方的领土，占有十分重要的地位。

贝加尔湖以东和黑龙江流域，自古以来就是中国的领土。在唐、宋、元、明一千余年的历史中，我国历朝的中央或地方政府，均在黑龙江两岸设有管理机构。清取代明以后，不仅完全接替了明朝在

这些地区的统治权，而且使当地同中央的关系更加密切。但是，自17世纪以后，沙俄利用我国明朝在东北势力的衰落和清朝入关南下之机，加紧对黑龙江流域的侵略。沙俄先后派遣波雅科夫、哈巴罗夫、斯捷潘诺夫等率兵侵入我国领土。他们到处烧杀抢掠，无恶不作。为了吞并我国领土，他们在被占领的土地上修建城堡，甚至还狂妄地叫嚣要清朝向沙皇进贡！顺治十五至十七年（1658—1660），清朝军队经过两次激战，击毙了斯捷潘诺夫，而且把其残部驱逐出黑龙江中下游。

康熙即位后，沙俄又以被其占领的尼布楚为据点向东扩张，重新占据雅克萨城，并向南占领楚库柏兴（即色楞格，属于中国喀尔喀蒙古），从而在贝加尔湖以东和黑龙江地区制造了新的紧张局势。

康熙帝从13岁起，就注意到了沙俄对我国的侵略。康熙十年（1671年），18岁的康熙进行了第一次东巡，前往东北地区"周览形胜"，并召见宁古塔将军巴海，了解当地情况，嘱咐他加紧操练兵马，做好边疆的保卫工作。当时，康熙已经准备开展一场驱逐沙俄的斗争。不料，康熙十二年（1673年），爆发了吴三桂等人的"三藩之乱"，康熙的抗俄计划被迫暂缓执行。在平定三藩叛乱过程中，康熙曾希望通过外交途径解决沙俄的入侵问题。但沙俄非但置之不理，而且变本加厉地扩张其侵略，在精奇里江一带修筑结雅斯克堡和德隆斯克堡，在额尔古纳河东岸修筑额尔古纳堡。康熙二十年（1681年），三藩之乱平定后，康熙立即把抗击沙俄的布置提上了日程。康熙二十一年（1682年）四月，他借到盛京祭陵之机，再一次到东北边疆视察；回到北京后，又在同年九月派副都统郎坦、公春率人以捕鹿为名，到达斡尔、索伦等地观察形势，侦察敌情。在听取了郎坦等人的报告后，

他下令修筑黑龙江呼玛城堡，调动军队，修造战船，储备粮食，开辟从乌喇（在今吉林）到瑷珲的驿路，组织了辽河、松花江、黑龙江的水路运输，为进行一场自卫反击战做好了充分准备。

康熙二十四年（1685年）六月，清军水陆两军包围了俄军盘踞的雅克萨城，对负隅顽抗的侵略者展开了猛烈的进攻。俄军头目托尔布津被迫投降。清军平毁了雅克萨城，将被俘的俄军遣送出境。但是，由于清军忽略了在雅克萨驻军，又没有割除附近的庄稼，因此托尔布津等人又率兵卷土重来，在雅克萨的废墟上重新建造了更为坚固的城堡。这样，康熙二十五年（1686年）双方又进行了第二次雅克萨之战。在清军猛烈的炮火中，托尔布津重伤致死。到后来，八百名俄军死伤、病亡几乎殆尽，只剩下一百多人。雅克萨城堡的攻克，已经指日可待

了。就在这关键的时刻，康熙帝的停战命令到了前线，说俄国派出的全权代表已经在途中，双方将在谈判中定议边界。

（二）签订《尼布楚条约》

中俄两国在雅克萨地区发生军事冲突后，于康熙二十八年（1689年）八月二十七日，俄罗斯全权代表陆军大将戈洛文和清王朝全权代表领侍卫内大臣索额图、国舅佟国纲在尼布楚（现俄罗斯涅尔琴斯克）签订的边界条约，内容为：从黑龙江支流格尔必齐河到外兴安岭直

到海，岭南属于中国，岭北属于俄罗斯。
西以额尔古纳河为界，南属中国，北属俄
国，额尔古纳河南岸之黑里勒克河口诸
房舍，应悉迁移于北岸；雅克萨地方属
于中国，拆毁雅克萨城，俄人迁回俄境。
两国猎户人等不得擅自越境，否则捕拿
问罪。十数人以上集体越境须报闻两国
皇帝，依罪处以死刑；此约定以前所有一
切事情，永作罢论。自两国永好已定之日
起，事后有逃亡者，各不收纳，并应械系

遣还；双方在对方国家的侨民"悉听如旧"；两国人带有往来文票（护照）的，允许其边境贸易；和好已定，两国永敦睦谊，自来边境一切争执永予废除，倘各严守约章，争端无自而起。

条约有满文、俄文、拉丁文三种文本，以拉丁文为准，并勒石立碑。碑文用满、汉、俄、蒙、拉丁五种文字刻成。根据此条约，俄国失去了黑龙江流域，但与大清帝国建立了贸易关系。此条约以外兴

安岭和额尔古纳河为界划分俄国和中国，但没有确定兴安岭和乌第河之间地区的归属。1693年，俄国派使节赴北京觐见要求通商，由于其使节行三拜九叩礼，康熙皇帝非常高兴，特准俄国在北京建"俄馆"，每三年可以派二百人商队入京逗留八十天，其他国家不得享受此待遇。

总的来说，康熙帝在反侵略战争中取得了重大的胜利。他的英明表现在：不轻易用兵，而是先作好调查研究，作好军事的、物质的准备；不穷兵黩武，在取得反侵略战争的胜利后及时恢复和平，从不关闭谈判的大门；在战争中，他认为将军萨布素未能毁掉雅克萨附近的田禾是一大错误，因为这正是侵略者得以卷土重来的物

质条件；当议政王大臣会议下令直隶、山东、山西、河南各省派火器兵支援进攻雅克萨时，康熙指出：这些兵未曾经历过战阵，况且黑龙江火器甚多，应该派福建投诚、善用藤牌的官兵，由台湾投降的武将率领开赴雅克萨。第一次雅克萨之战的事实证明，这些久历战阵的藤牌兵确实起了不小的作用，他们一举歼灭了从黑龙江顺流而下，企图冲入雅克萨城内的俄国哥萨克增援兵。

《尼布楚条约》的签订，缓和了中俄两国之间的紧张局势，暂时制止了沙俄的军事侵略。但是，康熙帝并没有因《尼布楚条约》而放松警惕。他说："今虽与俄罗斯和好，边界已定，但各省驻军仍照从前规定办理。"他决定继续在墨尔根等地驻军设防，并在外兴安岭、额尔古纳河、格尔必齐河等边界设立卡伦，派军队巡防驻守，以防备沙俄势力的侵扰。

四、勤于政事

可以说在帝王当中，康熙是最勤奋好学的一个，可能是他在幼年时的不幸，激励着他努力学习。首先是"勤"。

康熙14岁的时候开始亲政，当时亲政叫"御门听政"。御门听政就是皇帝亲自主持朝廷会议，议商和决定军国大事。御门听政在乾清门前，参加御门听政的主要是：九卿、六部（礼、吏、户、兵、刑、工）的尚书、左都御使、通政使、大理寺卿，还有大学士等。每天早上辰时开始与大臣们讨论奏报，商议一些军国大事，无论寒暑无一例外。北京的冬天是很冷的，就在乾清门前，举行最高朝廷会议，这实在是很不容易。而且清朝的皇帝御门听政从康熙到光绪一直坚持下来。

康熙勤政的第二个方面就是"慎"，康熙这个人在处理军国大事的时候非常的谨慎，可以说慎之又慎，不是脑门一热就这么办了。下面举治河的例子来说明。

康熙早年在他宫廷的柱子上写了三藩、河务、漕运三件大事。康熙亲自派侍卫逆黄河而上一直到黄河源头星宿海往返行程两万里，绘制了黄河全图，这是中国历史上第一次经过实际踏勘绘制成的黄河图，把黄河的来龙去脉搞清楚了，任用贤能的官员来治河。他任用了两个重要官员，一个叫靳辅，一个叫陈潢。他任用靳辅做河道总督，靳辅每天给康熙上八个奏章，陈述自己对治河的意见。关于

治河当时发生了意见分歧,主要有两个
问题:第一个问题是治理了黄河以后就
多出了一些土地,靳辅的意见就是把这
些土地屯田,用收入的钱再继续治河。第
二,黄河的河口部分水流入海不畅,靳辅
的意见是把河堤加高,让河水冲沙。于成
龙不同意他的意见,认为把黄河入海的
那部分挖浚挖深,沙子就流下去了。靳辅

说那样的话就会海水倒灌。于成龙则认为河堤高的话，房子在河堤底下，河堤一泛滥后果不堪设想。康熙让他们两个人进行御前辩论，二人各抒己见，互相驳难，都各说各的道理。康熙还是不能决定，他没有支持一方，反对一方，而是集思广益。下令在京的大臣，凡是家乡在黄河沿岸地方的，每人要写一个奏折，说说自己的看法。康熙看了各个方面的意见后才支持于成龙的意见，免去了靳辅河道总督的职位。

　　康熙是清朝历史上在位时间最长的皇帝。他文武双全，既精通传统文化，又涉猎西方科学；既能上马左右开弓，御驾亲征击退噶尔丹，又能治国安邦善于管理。他运筹帷幄，决胜千里，坐镇北京取得了对三藩、沙俄战争的胜利，收复台湾，显示了康熙卓越的军事指挥才能。另一方面，康熙有着过人的政治眼光和手腕。康熙创立"多伦会盟"取代战争，联络蒙古各部；以条约确保了国家在黑龙江的领土不被侵犯；康熙还特别重视教育，并开创了持续一百多年的"康乾盛世"。

五、政治统一，完善制度

（一）加强皇权

在政治上，康熙进一步加强了皇权。他表示"天下大权当统于一"（《清圣祖实录》卷二百五十七，康熙五十六年十一月辛未），"天下大小事务，皆朕一身亲理，无可旁贷。若将要务分任于人，则断不可行"（《清圣祖实录》卷二百八十四，康熙五十八年四月辛亥）。为此，他一方面通过各种手段，采取强有力的措施，限制

满洲贵族的权力，如剥夺各旗王公干预旗务的权力，破除"军功勋旧诸王"统兵征伐的传统，削弱议政王大臣会议的政治影响等。另一方面，康熙将用人之权、奖惩之权亲自控制，不许大臣干预；并设立密奏制度，以广泛体察下情。这种统治方式被雍正、乾隆二帝继承和发展，并为清朝其他皇帝所沿用。

（二）完善清朝官僚政治制度

康熙帝在加强皇权的同时，也着手完善清朝官僚政治制度。有两个现象值得特别注意：一是康熙九年（1670年）

八月将内三院改为内阁，从此内阁作为清朝法定中央政府、作为官僚政治的重要象征，其地位稳定下来并一直存在到清末；二是康熙二十三年（1684年）开始纂修《大清会典》。这是清代第一部重要的政典。《大清会典》于康熙二十九年（1690年）完成，共一百六十二卷。从此，清朝官僚政治的运行基本做到了有法可依，有章可循，初步实现了政治运作的规范化。

（三）发展生产

　　康熙帝在位时期，经济发展，百姓富足。康熙认为"家给人足，而后世济"，在继续采取轻徭薄赋，与民休息的政策的同时，又采取了一系列措施，体现了他仁爱的一面。其一，废止"圈田令"，即废止大清贵族圈近京州县田地的特权，将土地让与百姓耕种；康熙在诏书上说："自后圈占民间房地，永行停止，其今年所已圈者，悉令给还民间。"其二，延长垦荒

的免税时间。清初规定垦
荒三年内免税，以后改
为六年；康熙十二年重申
新垦荒田十年后征税。这
一政策刺激了农民垦荒的
积极性，使耕地面积迅速增
加。其三，实行更名地政策。对
于农民耕种的原先属于明朝宗室的
土地，康熙下诏农民可以不必支付田价，
照常耕种。"原种之人，令其耕种"，永为
世业，号为"更名田"。这些农民成为自耕
农。这一政策将直隶、山东、山西、湖广、
陕西、甘肃等地废藩田改为民地，自耕
农大量出现。其四，改革赋役制度。顺治
三年（1646年），清廷以明万历时旧籍为
准，着手编纂《赋役全书》，到顺治十四
年（1657年）完成。康熙二十四年（1685
年）至康熙二十六年（1687年），删除全
书上的田赋尾数，重新编成《简明赋役

全书》。为了防止地方官吏的私征滥派和保证国家的赋税收入，在催征办法上也不断改变，如从发给花户"由单"到"串票"（二、三、四联等串票），再到"滚单"等。

此外，康熙帝还注意改良粮食作物的品种。康熙帝下令在江南推广可以连作两季的品种，他还派了有经验技术的农民李英贵前去指导，他自己也随时下达具体指示。从康熙五十四年（1715年）到康熙六十一年（1722年），在苏州、江宁等地连续试种了八年，直到他死为止。这种"御稻米"第一季的成熟时间平均不到一百天，最短的只有七十天左右，因此收割后可以连种第二季。而当时苏州本地的稻子的成熟期，需要一百四五十天。显然，康熙帝推广的新品种有它的优越

性。如果当地的稻田改种御稻米，由于一年可以连种两次，估计每亩可以增加产量五成左右。苏州、江宁试种不久，江西、浙江、安徽的官吏和两淮商人也申请试种，康熙帝一律批准。当然，在封建时代，由于官府、地主对农

民的残酷压榨，农民对种植紧张费力的连作双季稻是缺乏积极性的。况且他们也无法解决由于消耗地力过多而必须补偿的肥料问题。康熙帝的本意是培养一个新品种，让更多的人能吃到粮食。但那时的官僚们，却把"御稻米"限制在上层人物中享用。

除了培育新品种外，康熙还大力推行垦荒的政策。他主张大面积地开垦北方的处女地。他曾告诉臣下说："边外地广人稀，自古以来无人开垦。我数年前避暑

塞外，下令开垦种植，有的禾苗高达七八尺，穗长一尺五。"有的官吏听了不信，康熙帝就命人取来了几株，证明塞外荒地经过开垦，也可以长出很好的庄稼。由于他的提倡，原来荒凉的山区也出现了大村落。

为了农业的需要，康熙帝还努力研究气象，他下令各地每天记录当地的阴晴风雨，由主要负责人按时上报，并作为一种制度固定下来。至今，故宫内还保存着大批清代的《晴雨录》。这是一批很宝贵的气象史料。为了同样的需要，康熙还研究

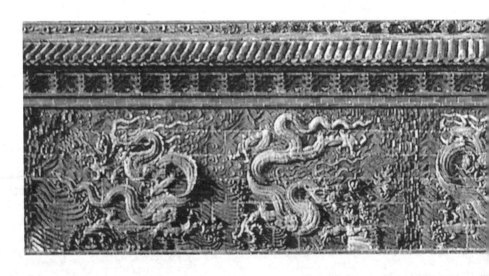

蝗虫，调查灭蝗的方法，并亲自指导一些地区的灭蝗工作。

（四）兴修水利，治理江河

明末清初，由于政局动乱与战争的破坏，黄河、淮河、运河、永定河等许多河流因年久失修而连年泛滥。这不但关系到千百万人民的生命财产安全，也威胁着封建王朝的长治久安。康熙帝从14岁起，"反复详考"历代治河的得失；亲征后，更把"河务"与"三藩""漕运"作为三件大事写在宫廷的柱子上，以便每天看

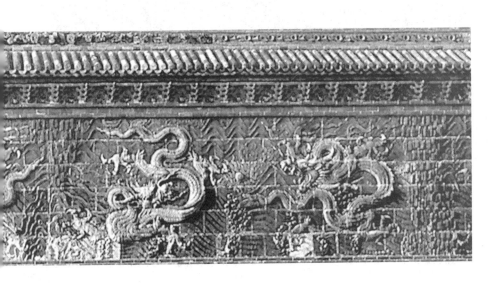

到，想到这些重大的问题。

康熙帝治河，比以往的治河有很大的进步。首先，他治河的战略思想是积极的。他主张不但要减少水患，还要进一步变水害为水利。他说："古人治黄河，唯在去其害而止；今则不但要去其害，还要利用黄河来运漕粮，把河水变成运输的渠道。"其次，他主张把原先绘在纸上的平面图，改为立体的地形图，因为纸上的

图很难分辨地势高低。第三，他认为治河者必须亲临现场，没有亲历过河工，就无法了解河势之汹涌、堤岸之远近高下，当然也就提不出好的治河方案。为了指导治河，他六次巡阅河工，并亲乘小舟，冒着风险进行勘察，亲自测量水位。因此，他不但对那些重大水患地区的情况了如指掌，而且能提出有实际意义的指导方案，能推测出曾经发生的问题并预见将来可能出现的问题。例如，他预言说：高家堰堵塞六坝之后，泗州等地必被水淹。到康熙四十五年（1706年），六坝刚刚闭塞，立刻引起洪泽湖水大涨，泗州等地果然发生水灾。

康熙帝研究了历代治河的经验，他指

出:"深浚河身,让河水直行刷沙是治河上策。"因此,他主张裁弯取直,束水刷沙。他认为,明朝治黄河多在徐州以上,本朝俱在徐州以下,应该注意中上游,吸取明代行之有效的经验。他还认为,明朝时山东微山湖一带,将水蓄积在山中,涝则蓄水为库,旱则泄水灌溉的做法,深得其宜。

康熙帝在治理黄河、淮河、运河等诸河之外,还特别注意治理经常改道泛滥的浑河(即永定河)。因为浑河关系到京

师（北京）的安全问题。康熙三十七年（1698年），浑河工程竣工，他亲自改名为"永定河"。应该指出的是，他治理永定河不仅仅是为了北京，他还有一个更富有战略的思想：永定河是一条小黄河。他是想把治理永定河的经验推广到治理黄河工程中去。所以，当永定河工程用的方法成功之后，他便指示在治理黄河的工程中推广，效果良好。康熙还鉴于永定河筑石堤取得成功，曾提出把这种做法推广到治理黄河工程中去，主张由徐州至清口皆修石堤。后因主持工程的大臣反对，加之财政开支太大而未能实行。

由于康熙帝积极治理河道，在他当政的六十余年中取得了很大的成绩，并为以后雍正、乾隆两代的水利兴修打下了良好的基础。

（五）兴修园林

康熙帝在位期间，修建了畅春园、承德避暑山庄、热河木兰围场，他的孙子乾隆帝又继续兴修三山五园。三山包括：香山、玉泉山、万寿山。五园包括：畅春园、圆明园、静明园、静宜园、清漪园也就是颐和园。这样就把中国古典园林的艺术，推到了一个最高峰，清朝园林的兴修是中华民族的一份宝贵的遗产。

承德避暑山庄这座比北京的颐和园大一倍的皇家园林，绝不只是一般意义上的休息场所，它与木兰围场一样是康熙政治大棋盘上的一颗至关重要的棋子。这些按照蒙古西藏等民族风格修建的宫殿庙宇，它更重要的意义在于让蒙藏等各种上层人物进入山庄能有一种宾至如归的感觉。六世班禅为乾隆祝寿就住在这里。蒙古王爷们朝见皇帝住在这里，皇帝接见外国史臣也在这里。卷帙浩繁的《四库全书》存放在这里，清代嘉庆和咸丰两位皇帝先后死在这里，它见证了清王朝所经历的风风雨雨。

（六）编纂典籍

康熙重视文化教育。亲自主持编纂了许多重要的典籍,譬如说《康熙字典》《历象考成》《数理精蕴》《康熙永年历法》《佩文韵府》《康熙皇舆全览图》《古今图书集成》等。康熙主持编纂的典籍有六十多种,大约有两万卷,是中华民族文化中的重要精神财富。康熙朝使清帝国屹立于世界东方。当时俄国有彼得大帝，法国有路易十四，康熙与他们比功绩更为显赫。康熙时候人口最多，经济最富裕，文化最繁荣，疆域最开阔，国力最为强盛。康熙时候清朝的疆域，东起大海，西到葱岭，南至曾母暗沙，北跨外兴安岭，西北到巴尔喀什湖，东北到库页岛。他曾多次举办博学鸿儒科，创建了南书房制度，并亲临曲阜拜谒孔庙。康熙帝还褒封道教白云观方丈王常月，并依于门下。

六、热爱科学

　　康熙帝之所以是一个传奇式的人物，不但因为他在少年时代计擒过权臣鳌拜，青年时代平定了三藩之乱、收复台湾，壮年时代平定了噶尔丹叛乱、抗击了沙俄的侵略，而且还由于他热爱科学、学习科学乃至在科学史上做出了一定的贡献。

（一）数学方面

少年时代所经历的那场关于天文历法的争论，在康熙帝的心灵深处留下了永不消失的痕迹。他目睹了那些在科学面前畏缩不前的大臣的昏聩，也痛恨自己对科学的无知。他在杨光先与南怀仁的科学斗争中认识到，数学是这两个人胜败的关键之一。因此，康熙帝对数学狠下了一番工夫。他后来对人谈起他自己如何发奋学习数学的情况说："你们只知道我算术不错，却不知道我为什么要学算术。我少年时，钦天监汉官与西洋人不睦，互

相攻击，死了不少人。杨光先、汤若望在午门外，当着九卿大臣的面测量日影。无奈九卿中没有一个人懂得这种方法。我当时想，自己不懂，怎么能够判断别人是对还是不对呢？所以我发奋学习数学。"

他的确是这样开始学习科学的。他先是同比利时传教士南怀仁学习几何。康熙二十七年（1688年）南怀仁去世，他又同来到北京的法国传教士张诚、白晋等人学习。为了学好课程，他为传教士准备了良好的生活条件，还叫他们到内务府学习满语、汉语。他自己则努力学习拉丁文，为的是能正确听懂或者看懂数学讲义。他学习过欧几里得的《几何原本》和巴蒂斯的《实用和理论几何学》的满文译本。他每学一个定律，不但务求必懂，而且都尽可能联系实际。

13卷视图全本
几何原本
[古希腊] 欧几里得 原著
建立空间秩序最久远最权威的逻辑推演谱系
The Thirteen Books
of The Elements

康熙帝不但向外国人学习数学，他还努力培养和团结一批中国

自己的数学家。他团结了当时颇负盛名的
大数学家梅文鼎，后来又把梅氏的孙子
梅毂成调到北京，让他专门从事科学研
究与编纂工作。此外，如泰州人陈厚耀、
大兴人何国宗以及蒙古族的明安图等数
学家，也曾授教于康熙帝。

康熙晚年在北京畅春园设立了"算
学馆"。在他的倡导主持下，梅毂成等人
用了十年时间，编成了集当时乐律、天文
和数学之大成的巨著——《律历渊源》。
此书之第二部取名为《数理精蕴》，它不
但收录了中国历代数学的精华，同时也囊
括了明末以来传入我国的西洋数学，是
一部很有价值的数学丛书。

(二) 医学方面

康熙帝自幼对医学就感兴趣。后来，他在向西方学习的过程中，又接触了西方医学。他40岁的时候得过一次疟疾，经过御医多方治疗也未见效果。这时，在宫廷工作的法国传教士洪若翰、刘应进献了一种特效药——金鸡纳。康熙帝服用了金鸡纳之后效果很好，不久就恢复了健康。为了酬谢传教士，他特赐在西安门内建立一座大教堂，这就是日后西安门内北堂的来历。

康熙帝病愈后，便不时推广金鸡

纳。他每逢出巡时，总是随身带上些金鸡纳，赐给一些封疆大吏们。康熙五十一年（1712年）夏天，曹雪芹的祖父曹寅得了疟疾。曹寅托亲戚向康熙帝讨要金鸡纳。康熙帝得知后，立即从北京用驿马昼夜星驰把药送往江宁（今南京），并御批：

"疟疾若未转泄痢，还无妨。若转了病，此药用不得。金鸡纳专治疟疾，用二钱末，酒调服。若轻了些再吃一服，若不是疟疾，此药用不得，需要认真。万嘱！万嘱！万嘱！万嘱！"可惜药还没有送到，曹寅就一命归天了。

康熙帝除了推广金鸡纳之外，还不时为臣下看病开方。有一次，直隶总督看文件时忽然半身瘫痪，请求康熙帝派人到保定给他治病。康熙帝派人去了，但只是说："类风之病，补药无

益而有大损，十分留心！"后来他又向康
熙帝讨要"御制药酒"。康熙帝怕药酒容
易坏，便动了一番脑筋，特赐西药药饼，
叫他用的时候泡在酒里，还告诉他饮酒
的用量。直隶总督服酒之后，向康熙帝报
告说："初服之日即觉得热气上至左膀，
下至左腿。"颇为见效。

　　康熙帝在医学上的一个重要的贡
献，就是他以皇帝的权威下令推广种痘
法。明末清初，天花传染病流行，夺去了
无数人的生命，也使许多人脸上留下了永
不消失的疤痕。康熙帝就是天花的受害

者之一。那时候，世界上还没有防治天花的好办法。只有我国在世界上首先创造了一种预防天花的种痘法。这种方法，就是把患者的痘痂研成细末，用湿棉花蘸上这种"痘苗"塞在健康人的鼻孔里（或将痂末吹入人的鼻内），使接种者发生一次轻微的感染，从而获得对天花的免疫力。这种方法虽然历史悠久，却未能广泛推行。康熙帝知道这种方法后，便首先在自己的孩子和一些亲贵子女中推行，后来又在蒙古等少数民族中推行。开始，有些老年人少见多怪，表示怀疑。但康熙帝以皇帝的至高无上的权力坚意推行，终于取得了很好的效果。

（三）地理学方面

康熙帝学了数学与天文，因而对地理学的重要性有了更加深刻的认识。他学会了使用测量仪器，每行到一处，就要测量那里的地势，调查当地的地貌、地质、水文、土壤等等。他不但测量该地距京师的里程，还要测量那里的纬度，并把这些情况记录下来，收入他撰写的文章、上谕中。例如，他在亲征噶尔丹的行军途中，就详细调查过所经过之处的风物、地理情况，把记录下来的材料寄给在北京的皇太子。康熙三十五年（1696年）四

月二十一日，他在给皇太子的信中叙述了行军中的饮水问题，他说："自出喀伦未见寸土，其沙亦坚硬，履之不陷，营中军士凿井。可凿井的地方也很易认识。蒙古语叫'善达'之处，地洼而润，掘未二尺即可出水；叫'塞尔'的地方，山涧沟径，掘仅尺余即可及泉；有称'布里杜'者，是一种丛草间积留的潦水，水质不佳；叫'窥布尔'的，水流地中，以手探之泉即随出，故野驴以蹄踏之而饮。"可见，康熙帝对所经过的地方是做过详细调查的。

他在沙漠中行军，往往发现有贝壳。这种东西引起了他很大的兴趣。他联想到当地蒙古族人关于洪水的传说，推测这里在洪荒时代很可能是一片泽国。这和近代学者的某些科学推论是很接近的。

康熙帝在世时，还费了几十年的心

血，开展了一场史无前例的伟大工程：在辽阔的中国疆土上进行实测、绘制地图。这项工作是由外国传教士与中国工作人员共同完成的。这次测绘工作进行了多年，采用了当时比较先进的大地测量术和用经纬度绘图的方法。到康熙五十五年（1716年），除今新疆少数地区外，已对大多数省区进行了测绘。这次测绘的结果，便是一部《康熙皇舆全览图》。它是中国历史上第一部完全实测，

且比较精确的地图集，也是世界上地理测量史上的伟大成果之一。康熙曾对大臣蒋廷锡说："此图是朕费三十余年心力才完成的，山脉水道合乎《禹贡》。你可以将此图和各省分图让九卿们细阅，倘有不对之处，可以面奏。"可见康熙帝很以《康熙皇舆全览图》为自豪，但他又不拒绝别人的建议。

七、传位争议

康熙皇帝不仅是一位明君，更是一位严父。康熙帝的子女，在清帝中算是最多的，共有三十五子、二十女。有学者统计，康熙的皇孙共九十七人。康熙对子孙的教育特别认真，也特别严格。康熙也像平民百姓一样，严格教子，望子成龙。康熙对子孙的教育，通过多种方式进行。包括言传、身教，让子孙参加祭祀、打猎、巡幸、出征等，上学是康熙教育子孙的基本方式。

清朝皇子的教育在《养吉斋丛录》中有记载："我朝家法，皇子、皇孙六岁，即就外傅读书。"学习的时间，"寅刻至书房，先习满洲、蒙古文毕，然后习汉书。师傅入直，率以卯刻。幼稚课简，午前即退直。迟退者，至未正二刻，或至申刻"。休假日，"唯元旦免入直，除夕及前一日巳

刻，准散直"。一年之中，休假只有元旦一天和其前两个半天。相比之下，今日学生的假日可谓多矣。康熙确定了皇子皇孙的教育制度。康熙教育子孙，是他为君之道中的重要内容。清朝的皇帝没有暴君，没有昏君也没有怠君。康熙的继承者雍正、乾隆都很杰出。康熙的皇子中，没有不学无术的庸人，也没有胡作非为的纨绔。他

们都有一定素养、一技之长。这些都同康熙重视皇子皇孙的教育有关。但康熙帝的儿子太多，在位时间又长。皇子们长大后为争夺皇位，互相攻击，最后导致残酷的宫廷斗争。

康熙十三年（1674年），康熙帝立皇后所生的一岁的皇次子胤礽为太子，但数十年后由于太子本身的素质问题及其在朝中结党而废太子。废太子后众皇子觊觎皇位，矛盾更加尖锐，故太子废而复

立,但康熙仍无法容忍其结党,三年后再废太子。最终在康熙六十一年临终时传位于皇四子胤禛。传位给胤禛的理由众说纷纭,有人认为康熙是希望精明干练的胤禛能大力改革康熙末年的宽纵积弊,也有人认为康熙是因为钟爱胤禛之子弘历(未来的乾隆帝)而传位于他,还有传说是顾命大臣隆科多和胤禛矫篡遗诏,故有"传位十四皇子"窜改为"传位于四皇子"之说,但按清宫秘档分析,遗诏是由满、汉、蒙三种语言并列写成,"传位十四皇子"改为"传位于四皇子"之说只符合汉字书写逻辑,却无法符合满文及蒙文书写逻辑。繁体汉字"十"和"于"大相径庭,此为误解。

八、历史评价

　　康熙帝是一个不平凡的人，是18世纪前后中国出现的一位伟大的封建君主。清圣祖康熙皇帝玄烨，就像他治理了六十一年的中国是个多民族国家一样，他本人就是满、蒙、汉三个民族的血缘与文化的杰作。他自幼失去父母，在奋斗中成长起来。他性格坚毅、勤奋好学，读书曾用功到咯血的程度。他没有享受过足够的父母之爱，也没有顺治热恋董鄂妃或是乾隆追求香妃那样的罗曼史。他把毕生的精力都用到治理国家上。但他能"治国""平天下"却不能"齐家"。在那"家丑不可外扬"的时代,他的家丑却不胫而走。他立了一个品质恶劣的儿子胤礽作皇太子,胤礽不争气,以至于父子成仇,终于又被他废掉。诸皇子之间为争夺继承权而演出的结党营私、明争暗斗的丑剧,使他既气愤又伤心,因而身心蒙受了严重的创伤,只活了69岁就死了。

康熙帝在封建帝王中,是比较开明

的人物。他在统一国家、捍卫主权、发展生产、提倡文化等方面都做出了重要的贡献。16岁时，他以智慧和勇气设计铲除了专权跋扈的辅臣鳌拜，将皇权把握在自己手中。从此，他以超群的胆识和兼容并包的胸怀，开始治理被战争和鳌拜圈换土地的倒退政策破坏得伤痕累累的大地。

在康熙统治期间，解决了长达八年的吴三桂等三藩的分裂战争，收复了被郑经割据多年的台湾，驱逐了占据我国黑龙

江地区的沙俄势力，签订《中俄尼布楚条约》，确定中俄东段边界；同时，又出征蒙藏，平定准噶尔部蒙古贵族分裂势力的动乱，建立会盟制度和避暑山庄外藩朝觐制等，加强了多民族国家的稳定。在经济和文化建设上，康熙也创下对后世产生积极影响的重大业绩，他重视农业生产，如治理黄淮河流，奖励垦荒，减免赋税，实行"滋生人丁，永不加赋"等鼓励经济发展的政策；他还曾下过开海令，但晚年又封锁海疆，禁止或限制中外贸易，扼杀本国的资本主义萌芽。编纂《明史》《全唐诗》等，但又以禁止淫词小说为名，扼杀了一些有悖封建礼教、有碍清朝统治的文化，并用文字狱打击有反清思想的士大夫，使之俯首就范。在所有的文化活动中，最有特色的是他本人对西方科技的学习，他是中国古代唯一懂得天文、数学、地理等自然科学的皇帝。康熙晚年两度废立皇太子，造成长达二十余年的诸皇子为夺储位的结党争斗，致使吏治懈怠，朝中党派林立，官场腐败之风颇盛，直接影响到社会的安定。当然，这些是历史发展本身所造成的，康熙帝的一生得失，不过是这种历史发展在一个统治者身上的具体表现罢了。如果我们把他放在历代统治者的行列中来观察，他依然是一个出类拔萃的人物。